Jules SIEGFRIED

12 FÉVRIER 1837 — 26 SEPTEMBRE 1922

JULES SIEGFRIED

12 FÉVRIER 1837 — 26 SEPTEMBRE 1922

—

DISCOURS

prononcés au Havre le 29 Septembre 1922

par

M. le Pasteur BOST

et par

MM. LALLEMAND, Préfet de la Seine-Inférieure ; BIGNON, Député, Président du Conseil Général de la Seine-Inférieure ; BRINDEAU, Sénateur ; MEYER, Maire du Havre ; DU PASQUIER, Président de la Chambre de Commerce du Havre ; SANSBŒUF, Vice-Président de l'Union des Présidents des Sociétés Alsaciennes-Lorraines de France ; GEORGES-RISLER, Membre du Comité de Direction du Musée Social, et EMILE DOLLFUS, Vice-Président de la Société Industrielle de Mulhouse.

DISCOURS de

M. le Pasteur

CHARLES BOST

L'HOMME fort, inlassable dans le bien, aimant,
auquel aujourd'hui sa famille, ses amis, ses collaborateurs, sa province d'origine et sa ville
d'adoption, ses coreligionnaires de toute la France, et
au-dessus on peut dire la France entière rendent un
suprême hommage, a demandé qu'on gravât sur la
pierre de sa tombe ces quatre mots : *Agir c'est vivre*. Je
voudrais, devant sa mémoire, me garder de toute parole
inutile, je souhaiterais, pour rester fidèle à son idéal,
que cette cérémonie funèbre, dans la simplicité qui
était la sienne, fût une dernière action à laquelle il prît
part lui-même par son exemple persistant et par ses
personnelles exhortations.

« Agir c'est vivre ». Encore faut-il s'entendre. M. Jules
Siegfried n'a pas préconisé l'action pour l'action même.
Il n'a pas cédé à ce simple attrait de sortir de soi-même
pour s'extérioriser, qui dans certains esprits est un
procédé commode de fuir sa personne et d'échapper
aux problèmes de la pensée. Il n'a pas recommandé le
travail comme une diversion à l'inquiétude de la vie.
Il n'a pas vu non plus dans l'activité à déployer le
moyen de satisfaire cet appétit de pouvoir, cette « volonté
de puissance » qui se satisferait par son propre exercice.
Il n'a pas été de ces « agissants » comme l'histoire du
monde ou la politique nous en montrent sans cesse, au
mouvement débordant, mais tourmenté, capricieux,

dont la vie s'encombre de palinodies inexpliquées, où le plaisir de combattre et de démolir se juxtapose sans intelligence profonde à la joie de construire, et qui meurent sur un monceau de réalisations diverses où l'impitoyable travail de la postérité ne trouve que peu de richesses à conserver.

Notre frère n'a jamais séparé sa passion d'agir d'un idéal auquel il prétendait obéir, d'une vision sacrée plus haute et plus belle que les choses du moment, et à laquelle il voulait conformer et sa vie personnelle, et la société humaine avec lui. Il a été conduit pendant les 85 ans de sa vie par le désir de « faire le bien », et ce « bien » à faire, il le résumait consciemment dans la sentence de Jésus-Christ, qu'il recueillait pieusement dans l'Evangile : « Aimez-vous les uns les autres. »

Cette unité foncière d'une immense activité, si diverse dans sa richesse, rend même au premier abord malaisée ma tâche, à moi, prédicateur de l'Evangile, en ce jour où nous devons nous partager les paroles à dire, car il n'est rien, dans cette grande vie, que je ne puisse réclamer comme étant de mon domaine, j'entends comme ressortissant à l'inspiration chrétienne, ou pour mieux dire : évangélique. Je prends donc le parti ici, sans entrer dans le détail d'une existence qu'il faudra raconter, de me réduire à montrer comment chez M. Siegfried rien n'a été volontairement soustrait à la loi du perfectionnement moral, et à la loi de l'amour du prochain.

Si, jeune homme, il économise, sur les émoluments d'employé qu'il recevait au bureau de son père, la somme nécessaire à un voyage aux Etats-Unis, il ne vise pas seulement l'enrichissement intellectuel, il emporte avec lui un ouvrage que sa mère lui remet, du baron de Gérando, un philantrope de la Monarchie de Juillet, qui traite de la *Bienfaisance publique*. Si une

claire notion des conditions économiques du monde
l'emmène à Bombay pour y fonder une maison de
cotons, les dangers qu'il court sur mer, « le font
réfléchir, comme il me l'a dit lui-même, au sérieux de la
vie », et il revient au Havre décidé fortement à « mener
une existence *utile* ». Si son savoir-faire et son énergie,
en quelques années, lui permettent d'amasser une fortune, ce n'est pas l'amour de l'argent qui le pousse,
mais le désir de posséder des moyens d'action pour
améliorer le sort d'autrui, et du jour où, sans les avoir
cherchées, des circonstances imprévues l'amènent à la
mairie du Havre, il renonce presque totalement aux
affaires pour se consacrer au bien public.

S'il s'attache à créer au Havre une organisation
nouvelle de l'instruction primaire, si pour cela il
voyage encore en Allemagne, en Hollande, en Angle-
terre, si, dans sa ville d'adoption, il inspire la première
brochure qui demande l'enseignement gratuit, laïque,
obligatoire, s'il institue ici des locaux, des réglements,
des programmes qui, par la loi de 1882, seront repro-
duits dans toutes les communes du pays, c'est que pour
lui l'instruction n'est pas seulement un luxe, mais une
nécessité morale. Pour lui, comme pour les protestants
du XVIᵉ siècle qui ont renouvelé en leur temps les mé-
thodes de l'enseignement, c'est à l'école que « la bête
se transforme en homme », et il plaint l'ignorant comme
un aveugle qui tâtonne dans la nuit. S'il établit au
Havre le premier des bureaux d'hygiène, s'il construit
des maisons ouvrières, s'il crée les écoles pratiques
pour les garçons et pour les filles, c'est qu'il est profondément démocrate, qu'il veut que tous les citoyens
d'un pays aient part à la santé, à la vie de famille, au
bien-être que produit une intelligence ouverte. S'il crée,
avec le *Cercle Franklin*, la première des Maisons du

Peuple, il entend en faire non seulement un lieu de
réunion pour des hommes d'un même milieu, non point
l'édifice d'une « classe » qui serait distinguée d'une
autre par je ne sais quelle condescendance, et qui, par
là, serait portée elle-même à s'opposer à la première
dans la colère ou le mépris ; mais il en fait un cercle
d'éducation où la solidarité de tous les citoyens se pro-
clame et s'affiche. S'il réclame pour le Havre, en 1881,
auprès des pouvoirs publics des mesures qui « assureront
à notre port l'avenir commercial, industriel et maritime »
qui se présentent à la ville, ce n'est pas du point de
vue égoïste qu'il parle, mais il porte sa vue plus loin :
le mot de « patriotisme » vient à ses lèvres. Il ne veut
la force de la cité que parce que cette force est nécessaire à la prospérité de la France elle-même, et c'est
encore une pensée de solidarité qui l'inspire.

Si, comme député, il s'attache tout spécialament aux
lois sociales, si, jusqu'à ses derniers jours, il regarde
avec une sollicitude attendrie ceux pour qui la vie est
dure et qui souffrent plus que d'autres des difficultés
économiques que la vie industrielle et commerciale sou-
lève à tout instant, il ne se soucie ni d'honneurs ni de
popularité, il répète « aimons-nous les uns les autres »,
et c'est cet amour indéfectible des petits qui lui dicte
les démarches les plus conciliantes. Partout il se dresse,
dans sa haute taille, comme « un homme et un honnête
homme », comme une force et comme une conscience,
mais aussi il apporte avec lui cette inspiration du
cœur sans quoi la force est brutale et la conscience est
dure, et ce cœur il l'alimente aux sources inépuisables
que le Christ a ouvertes il y a dix-neuf siècles à
l'humanité.

Peut-être quelques-uns ont-ils été trompés par ce que
son port avait au premier abord d'un peu altier et son

regard d'un peu distant. On a parlé de la « solennité »
qui s'alliait en lui à l'humour alsacien. Il avait la gra-
vité de l'homme qui marche droit, et qu'on ne détour-
nera pas de son chemin. Mais personne, dans son fonds,
n'était moins « hautain ». Quand il parlait de sa vie,
c'était pour relever les circonstances qui l'avaient servi,
les amis qui l'avaient soutenu, les responsabilités qui
lui avaient été offertes. De la volonté tenace qu'il avait
dû mettre en œuvre, lui, pour répondre aux circonstances et pour les utiliser, il ne soufflait mot, sauf aux
temps de sa vie de vieillard où, pour faire face à tout,
il lui avait fallu tendre des énergies physiques un peu
lassées. Quand il s'interrogeait lui-même, il s'effaçait
devant les grâces reçues, et rendait hommage aux
grandes vérités qui l'avaient guidé, conduit, qu'il avait
retenues, devant les yeux, et qui, par leur force à elles,
par leur vertu spéciale, s'étaient comme réalisées, éter-
nelles, à travers son humanité passagère. C'est à lui
que je veux laisser la parole. En l'année 1900, tandis
qu'il était éloigné de la vie publique, et que, rendu à lui-
même et à sa famille, il avait le loisir de descendre plus
profond dans ses souvenirs et dans la méditation, il
rédigea ses dernières volontés. Il avait 63 ans, toute
cette puissante vitalité qui l'a accompagné jusqu'à la
fin, et, derrière lui, un labeur qui aurait suffi à remplir
plusieurs existences humaines. Pour ses enfants, et peut-
être aussi pour son admirable femme, il écrivit les lignes
que je vais vous lire, et que sa famille a bien voulu me
permettre de rendre publiques.

« Mes études, mes réflexions, et l'expérience de la
vie me démontrent de plus en plus que le véritable
but de la vie est de faire la volonté de Dieu.

« En nous donnant la liberté, la liberté de faire le
bien ou de faire le mal, Dieu nous a donné une marque

d'incomparable grandeur, mais aussi une grave responsabilité. Nous devons être des « Ouvriers de Dieu » et travailler avec lui à l'amélioration intellectuelle, morale et sociale de l'humanité, en commençant par nous-mêmes... En travaillant pour le bien, nous suivons le plan de Dieu, nous nous associons à son œuvre, qui n'est pas terminée, et nous l'aimons comme il veut être aimé, d'une manière active et pratique, avec « tout notre cœur, toute notre âme, toute notre pensée », en « aimant nos semblables comme nous-mêmes ».

« En faisant le bien, qui n'a pas toujours autant d'attrait que le mal, nous nous assurons, du reste, la plus grande somme possible de bonheur sur cette terre déjà, et, après la mort, la « Vie Eternelle », c'est-à-dire la continuation de la vie dans d'autres mondes, sans doute, et dans des conditions bien supérieures.

« En faisant le mal, attirés par des jouissances égoïstes et passagères, nous nous mettons en lutte contre la volonté de Dieu, et tôt ou tard nous en sommes punis par la souffrance et le malheur sur cette terre déjà, et peut-être par l'anéantissement après la mort...

« La bénédiction s'attache aux bons et la malédiction poursuit les méchants. Gravez cela dans vos cœurs, mes chers enfants, comme le résumé de l'expérience de votre père. »

N'êtes-vous pas frappés, frères et amis, de la simplicité qui caractérise cette profession de foi morale et religieuse ? Je parle non pas seulement du ton, et des phrases, où un protestant reconnaît de nombreuses réminiscences bibliques, mais du contenu même de cette « religion ». Cependant, que personne ne s'y trompe. Cette modération même dans les affirmations, cette réduction de la piété à l'essentiel n'est le fait que d'une âme expérimentée, pour qui l'Evangile n'est pas une chanson qui berce, mais un ferment qui vivifie. La Bible était pour lui un livre pratique, où nous avons à chercher une excitation perpétuelle à la vie consacrée :

« Je vous recommande, écrit-il encore, de lire chaque jour un passage des Evangiles, c'est notre meilleur guide. »

Et la piété n'était pour lui que la face intérieure de la vie qui, au dehors, s'affirme par l'amour paternel. Soumis à des principes d'une immense grandeur, et qu'il s'agit pour l'homme d'appliquer toujours mieux à la vie quotidienne, il n'était pas lié par un minutieux programme de pensée. La voie restait ouverte aux progrès possibles et nécessaires, la lettre était éphémère, l'esprit seul importait, et l'esprit capable de se créer toujours de nouvelles formes. Il y avait eu chez lui, sur cette ligne droite de sa vie, une évolution intéressante qui s'était produite également chez Mme Siegfried. Partis de la notion de la bienfaisance, ils étaient arrivés à celles de la mutualité, de la solidarité sociale. M. Siegfried, en 1877, avait écrit : *Quelques mots sur la Misère* ; depuis lors, il avait progressé, et les lois sociales qu'il a si fortement contribué à faire voter montrent le mouvement de son esprit. Mme Siegfried issue d'une tradition plus mystique, où le *credo* était autrement détaillé, aurait donné à sa foi sans doute une expression plus conforme à l'ancienne doctrine réformée, et j'essaie de me représenter l'action que ces deux êtres, également bons, également désireux du bien, ont exercée l'un sur l'autre, dans ce domaine de la vie intime de l'âme qui commande l'existence sociale.

Mais je ne me représente pas qu'aucune discussion ait pu altérer la communion profonde qui les unissait en Dieu. Ils étaient établis tous deux sur « le seul fondement qui puisse subsister », sur la vie, l'exemple et l'esprit de Jésus-Christ, et M. Siegfried n'a pas même fait allusion devant ses enfants à l'influence certaine que la simplicité de sa foi avait exercée sur l'orientation religieuse de sa compagne. Il l'unit à lui, en quelques phrases dernières que je vous demande encore d'écouter :

« Je suis profondément reconnaissant envers Dieu de toutes ses bontés à mon égard. Il m'a donné la femme que j'avais rêvée, la « femme forte » de l'Evangile, celle qui est en même temps la joie et l'amour de son mari. Il m'a donné quatre fils qui se portent bien et qui, je l'espère, deviendront des hommes de devoir et de vrais chrétiens ; il m'a enlevé, il est vrai, deux petits enfants, mais il m'a conservé deux fois ma chère femme, presque condamnée par la science humaine, et il m'a rendu la vie alors que j'avais déjà un pied dans la tombe.

« Enfin il a béni abondamment mon travail et mes affaires, et m'a donné une belle position qui me permet de me rendre utile et d'avoir un vaste champ d'action. Toutes ces bontés, en me comblant de joie, remplissent mon cœur de reconnaissance pour Dieu et m'imposent le devoir, bien doux, de lui prouver ma gratitude, en faisant le plus de bien possible autour de moi. »

Depuis l'année 1918, cette belle famille s'était réduite. Un des fils, vous le savez, est tombé pendant la guerre, et la mère de famille, il y a quatre mois, a quitté ce monde « pour aller au Père des esprits ». Nous avons vu alors son mari rester debout, dans la plénitude apparente de ses forces. Il a tout ordonné lui-même pour les funérailles, il a mis en ordre tout ce qui nécessitait son intervention. Mais le grand chêne qui n'avait pas semblé foudroyé, avait reçu ce jour-là le choc qui devait laisser fuir la vieille sève.

Quand tout a été achevé, il y a quelques semaines à peine, avec cette sorte d'instinct mystérieux qui régit tout le monde des êtres qui vivent, il s'est comme ramassé sur lui-même, vivant dans le passé, ne jetant sur le présent qu'un regard déjà détaché, entrant comme par avance dans le monde invisible, dépouillant ce que les œuvres à accomplir avaient pu lui laisser de personnel, n'apparaissant à ses petits-enfants que comme un grand-père fait uniquement de tendresse, et quand Dieu l'a pris, d'un seul coup, lui épargnant les douleurs d'une déchéance qui l'aurait comme humilié, ses enfants, sa famille, ses amis ont senti leur âme inondée, dans leur douleur, par cette paix bienfaisante que laissent après eux les êtres qui ont agi, et bien agi, qui ont « servi Jésus-Christ dans la personne de leurs frères » et qui, ayant reçu des bénédictions sans nombre, ont su les employer à la gloire de Dieu. Que cette vie parle d'elle-même à nos cœurs !

« Heureux ceux qui meurent dans le Seigneur, oui, dit l'Esprit, car ils se reposent de leurs travaux et leurs œuvres les suivent.

« Cela va bien, bon et fidèle serviteur. Tu as été fidèle. Entre dans la joie de ton Seigneur ! »

DISCOURS de

M. Charles Lallemand

Préfet de la Seine-Inférieure

Mesdames, Messieurs,

M. le Président de la République, désirant s'associer personnellement à ce deuil havrais qui est, en même temps, un deuil national, a bien voulu me faire le grand honneur de me désigner pour le représenter aux obsèques de M. Jules Siegfried.

Nul plus profondément que M. Alexandre Millerand, qui a si souvent siégé dans les conseils du Gouvernement avant de devenir le Chef de l'État, ne déplore la perte de ce grand citoyen qu'il appréciait particulièrement, ayant poursuivi avec lui la plus généreuse action sociale, les entreprises les plus salutaires pour le bien public.

M. Raoul Péret, Président de la Chambre des Députés, en déléguant ici un membre de son cabinet, a voulu montrer que son amitié ressent vivement cette disparition si cruelle pour le Parlement français.

Au nom de M. Raymond Poincaré, Président du Conseil, Ministre des Affaires Étrangères, particulièrement ému par la fin soudaine de l'ancien ministre, du parlementaire éminent et de l'homme excellent qu'il affectionnait, de MM. Maurice Maunoury, Ministre de l'Intérieur, et Paul Strauss, Ministre de l'Hygiène, tous les trois représentés au premier rang de cette assistance par leurs proches collaborateurs, je viens aussi dire un suprême adieu à M. Jules Siegfried.

Le Gouvernement tout entier, dont, à son heure, il fut l'un des membres, les Pouvoirs Publics dans leur ensemble, auxquels il a si longtemps apporté un précieux concours, attestent devant ce cercueil, au terme d'une admirable course, que le défunt a grandement mérité la reconnaissance nationale.

Un si éclatant hommage ne surprendra personne, car justice était depuis longtemps rendue à M. Jules Siegfried, pour la diversité et la fécondité de son œuvre rayonnante de fraternité et de bonté que domina et éclaira le patriotisme le plus ardent, emporté de son Alsace et pieusement entretenu au foyer normand.

Mesdames, Messieurs, si, comme Préfet de la Seine-Inférieure, m'est échu le douloureux privilège de prendre la parole au cours de cette cérémonie funèbre, vous comprendrez que je veuille, avant tout, traduire la reconnaissance des administrateurs qui, m'ayant précédé à la tête de ce grand département, ont collaboré avec l'homme politique éminent, avec le philanthrope averti, ont trouvé, dans ses conseils et dans son appui, des forces pour faire le bien. A mon tour, j'ai bénéficié d'un tel voisinage et vous me permettrez d'ajouter qu'alsacien comme M. Jules Siegfried, honoré de son amitié, je ressens profondément le vide qu'il laisse, la perte irréparable que nous subissons.

Devant cette assistance recueillie, j'acquitte une dette de son cœur en disant combien il appréciait l'accueil chaleureux et la fidélité constante que la Normandie avait réservés à son esprit actif et généreux, à sa bonne volonté inépuisable, à cette foi française si profonde qu'on possède dans nos Marches de l'Est et dont il était tout imprégné.

Il y a quelques mois à peine, nous le suivions dans cette nécropole à laquelle il confiait la dépouille mortelle de son admirable compagne, naguère si agissante et si bienfaisante, entourée d'autant d'affection que de vénération, noble française admirée dans le monde entier. Le coup fut affreux pour l'époux et l'on sentit bien qu'il était irrémédiablement atteint; mais son allure avait encore tant de jeunesse, sa prodigieuse activité restait si entière, la sincérité de ses projets pour des temps à venir inspirait une telle confiance que nous étions tous convaincus — le souhaitant de grand cœur — que les prochaines années laisseraient avec nous de cette belle force. Quand récemment, au cours d'une crise douloureuse, nous avons vu M. Jules Siegfried s'employer, avec une ardeur et une ténacité que rien ne rebutait, pour dissiper les malentendus et rétablir la concorde entre ses concitoyens, comment aurions-nous pu penser que, subitement, quelques jours après, c'en serait fini, que cette haute conscience nous aurait quittés, que cette radieuse lumière serait à jamais éteinte !

Alsacien par sa naissance et par ses traditions, normand par adoption, M. Jules Siegfried restera une des illustrations de ces deux grandes provinces; par dessus tout, il fut un français de valeur incomparable et qu'on ne remplacera pas.

Pendant plus d'un demi-siècle, il a consacré à son pays, à ses semblables, une carrière aussi remarquable par les sentiments qui l'inspiraient que par les conquêtes réalisées pour le bien de l'humanité.

Disons-nous que si un tel homme peut disparaître, sa trace ne saurait s'effacer; son œuvre subsistera, elle aura, comme il le souhaitait, des continuateurs et ils seront ses admirateurs.

En saluant une dernière fois notre grand mort, au nom du Chef de l'État et du Gouvernement de la République, j'exprime avec émotion à tous les siens, cruellement affligés, la profonde et douloureuse sympathie qui va vers eux du cœur de chaque Français.

———

DISCOURS de

M. Paul Bignon

Député
Président du Conseil Général de la Seine-Inférieure

Messieurs,

En prenant la parole dans cette cérémonie funèbre,
au milieu de cet immense concours d'une population
attentive et émue, je ne sais comment traduire à mon
tour les sentiments qui m'oppressent et l'émotion que
je ressens.

Mes collègues, les députés de la Seine-Inférieure,
les membres de l'Assemblée départementale, réunis à
Rouen en session légale, m'ont confié le redoutable
mandat de faire revivre, par devers vous, pendant
quelques instants rapides, l'existence si noble, si bien
remplie et si utile du vaillant ami que nous conduisons
à sa dernière demeure.

En m'acquittant de la tâche qui m'a été confiée, je
ne veux et ne saurais entreprendre de retracer la carrière publique de Jules Siegfried, de ce grand citoyen,
qui fut un républicain de la première heure et possé-
dait des vertus républicaines ce qui en fait la parure
et la force.

Maire du Havre, sénateur, conseiller général de
Bolbec, député du Havre puis de la Seine-Inférieure,
membre de la Chambre de Commerce, président de la
Société centrale d'agriculture, ministre du Commerce
et de l'Industrie dans deux cabinets, partout où il
était passé, Jules Siegfried apportait ces dons que

nous admirions en lui et qui sont bien les vertus maî-
tresses de sa terre d'origine, l'Alsace, c'est-à-dire la
solidité du jugement, la ténacité dans les desseins, la
continuité et la tranquille assurance dans l'action.

La longue et féconde carrière de Jules Siegfried est
du reste connue de tous.

Aussi bien, qu'il me soit permis de rapporter aujourd'hui un des derniers entretiens que j'eus avec lui,
il y a un mois à peine, à Vittel, où je l'avais rencontré,
et où, laissant parler son cerveau et son cœur, pres-
sentant peut-être sa fin prochaine, il avait, pour ainsi
dire, avec une clarté et une lucidité merveilleuses chez
un vieillard de 85 ans, développé son testament politique.

Nous avions ensemble examiné la vie de notre département, les formes diverses de son développement
agricole, industriel, commercial et maritime ; Siegfried,
entraîné par son sujet, m'affirmait, avec force, qu'en
présence de l'inquiétude nationale, des difficultés de
l'heure, les Chambres plus que jamais devaient nette-
ment s'orienter vers les réformes fiscales et sociales.
Il proclamait la nécessité d'une réforme profonde de
l'impôt sur le revenu, dont il narrait avec humour les
difficultés d'application et les mécomptes ; il dévelop-
pait la nécessité urgente de l'organisation générale de
la retraite des travailleurs urbains et ruraux, des pen-
sions d'invalidité et de vieillesse, termes essentiels,
disait-il, de la politique de justice et de solidarité
qu'il avait toujours considérée comme le fondement de
la paix sociale.

La France, affirmait-il encore, vient de traverser
des heures terribles et la situation extérieure doit
retenir toute notre attention.

La paix, au dehors comme au dedans, est le plus

désirable des biens, et il faut travailler au développement de la Société des Nations qui rendra plus diffi-
ciles et plus rares les conflits entre les peuples.

Mais, et c'est là où je retrouvais le patriote et l'alsacien averti et prévoyant, il ajoutait de suite, avec son
fin sourire et sa conviction profonde, que, comme l'idée
du droit humain n'a pas encore fait le tour du monde,
nul ne peut assurer que l'équilibre nouveau s'établira
sans luttes nouvelles, car il existe toujours entre les
peuples de profondes rivalités politiques et économiques, qui dépendent plus souvent des circonstances
que de la volonté des hommes.

Soyons toujours forts, disait-il, toujours prêts, toujours vigilants ; cette résolution doit être constante
chez ceux-là surtout qui croient fermement que la
France a, dans l'avenir comme elle l'a toujours eu
dans le passé, un grand rôle à remplir.

La France, soldat du Droit, fille de la Révolution,
est aussi la terre des Droits de l'homme. C'est en faisant tout leur devoir de patriotes que nos fils accom-
pliront le plus sûrement pour la patrie et pour l'humanité tout leur devoir républicain et social.

J'ai voulu rappeler devant cette tombe ouverte cet
entretien qui est resté profondément gravé dans ma
mémoire et qui dépeint bien l'homme tel que nous
l'avons connu, défiant les ans et affirmant toujours sa
doctrine, sans peur et sans reproche.

Et, il y a quinze jours à peine, quelle preuve admirable de force et d'énergie il nous donnait encore à la
Sous-Préfecture de cette ville, lorsqu'il nous narrait
les graves événements qui venaient de se dérouler au
Havre et les démarches multipliées et répétées qu'il
avait accomplies pour apaiser le redoutable conflit.

Et maintenant, parlerai-je du rôle éclatant joué par

Jules Siegfried dans toutes les œuvres de solidarité, de prévoyance, de mutualité.

Avec sa noble femme, qui fut l'animatrice de nombreuses œuvres sociales, il apportait là toutes les qualités d'un jugement droit et sûr, laissant de côté les chimères pour ne voir que les réalités.

En entreprenant ce véritable apostolat, Jules Siegfried n'avait jamais eu la pensée qu'il allait faire disparaître de cette terre la disproportion, souvent effroyable, qui existe entre le bonheur des uns et la misère des autres, mais il avait voulu accorder à ceux qui étaient le plus près de sa sollicitude, parce qu'ils étaient les plus exposés aux injures de la vie, le réconfort de son action bienfaisante et fraternelle.

Et ce que l'on sait peut-être moins, parce qu'il s'appliquait à ne pas le laisser paraître, c'est sa générosité et sa charité sans bornes. Ceux-là seuls ont pu l'apprécier qui les ont mis à l'épreuve, et plus grand encore est le nombre de ceux qui n'ont pas même connu la main qui les avait secourus.

C'est que Jules Siegfried était du petit nombre de ces âmes d'élite qui comprennent à la fois les devoirs qu'impose la fortune et les joies nobles qu'elle procure.

En 1871, après le traité de Francfort, comme beaucoup d'alsaciens, il avait quitté Mulhouse, sa ville natale, pour rester français.

Et, pendant toute la grande guerre, il avait dans les commissions parlementaires qu'il présidait, donné les plus beaux exemples de travail, d'endurance, d'abnégation et de foi patriotique, prêchant l'union sacrée et l'amour du pays. Il allait disant et répétant qu'il ne fallait jamais douter des destinées de la patrie.

Et voilà que le 9 janvier 1919, c'est Jules Siegfried,

l'alsacien, qui doit à sa verte et vigoureuse vieillesse, de présider la première séance de la session.

Je le verrai toujours traversant la salle des Pas Perdus entre deux haies de soldats, montant d'un pas allègre et ferme les marches qui conduisaient au fauteuil présidentiel; je l'entendrai toujours prononçant des paroles émouvantes, clamant sa joie et saluant avec tout son cœur et toute son âme le retour de l'Alsace et de la Lorraine rendues à leur patrie après un long exil.

Heure inoubliable qui marquait le point culminant de sa belle carrière et aussi la réalisation de ses plus chers espoirs.

Et je l'entends encore me disant, alors que j'étais monté au fauteuil présidentiel pour le remercier et le féliciter du discours inoubliable qu'il venait de prononcer et de l'hymne de reconnaissance nationale qu'il venait d'adresser à nos vaillants soldats, je l'entends encore, tel un sénateur de la Rome antique, me dire ces simples mots : « Je puis maintenant mourir, mon vœu le plus cher est réalisé ».

La mort est venue paralyser cette activité et priver la République d'un de ses plus loyaux et vaillants serviteurs.

Elle est venue le surprendre par un de ces coups rapides plus cruels pour ceux qui survivent que pour celui qui est frappé.

La disparition de Jules Siegfried, ainsi que je le proclamais mercredi devant l'Assemblée départementale, est une perte douloureuse non seulement pour la ville du Havre et le département de la Seine-Inférieure, mais encore pour la France et pour la République.

Les hommes de la valeur, de l'énergie, du courage et du patriotisme de Siegfried sont rares.

Sa vie aura été une vie de labeur fécond ; les luttes politiques qu'il a soutenues, les batailles économiques qu'il a livrées, son dévouement à la ville du Havre, à notre département, au pays, constituent un exemple que nous nous efforcerons de suivre et que nous rappellerons à ceux qui, après nous, entreront dans la carrière.

Par son travail, sa haute probité, son action admirable, son dévouement à la cause publique, sa haute conception des devoirs de l'homme politique, Jules Siegfried a bien mérité de la France et de la République.

C'est en reportant sur ceux qu'il vient de quitter l'attachement qu'il inspirait, que nous apporterons quelque adoucissement à leur immense tristesse.

Adieu, mon vieil ami, adieu.

DISCOURS de

M. Louis Brindeau

Sénateur de la Seine-Inférieure

Messieurs,

A l'heure des suprêmes hommages, on se sent intimidé devant l'œuvre de Jules Siegfried, tant elle vous domine par sa grandeur, tant furent nombreux et variés les titres de ce citoyen à la reconnaissance de la Cité et de la France. Ce qu'il convient de mettre tout d'abord en relief, c'est le caractère et la physionomie de l'homme. Alors on pourra le suivre dans les multiples étapes de sa vie publique, en rappeler les principaux traits, en dégager de hauts enseignements.

Lorsqu'il vint s'établir au Havre, les qualités qui devaient si puissamment s'affirmer tard se manifestent dès son entrée dans la carrière commerciale. Le jeune négociant de 1860 est actif, énergique, entreprenant. Sa volonté, sa ténacité, sa prévoyance apparaissent avec éclat, dans le domaine des affaires, durant la crise née, aux États-Unis, de la longue guerre de Sécession.

Il prend, avec hardiesse, l'initiative de l'importation des cotons de l'Inde, rendant ainsi un inoubliable service à l'industrie française et à la place du Havre.

Sa haute compréhension des affaires et, surtout, les opinions libérales et démocratiques qu'il a apportées de Mulhouse, sa ville natale, lui ouvrent les portes de l'Hôtel-de-Ville aux élections qui précèdent la chute de l'Empire. Lorsque ce régime s'effondre dans le désas-

tre de Sedan, le Havre est la première ville de France
où la République est proclamée. Dans cette journée
inoubliable, à côté des cheveux blancs de Guillemard,
premier maire républicain de la cité, apparaissent, au
balcon de l'Hôtel-de-Ville, encadrés du drapeau trico-
lore de la Garde nationale de 1848, les jeunes visages
de ses adjoints, Jules Siegfried et Félix Faure.

Mais les événements se précipitent. L'invasion va
menacer le Havre, ville ouverte depuis la démolition de
ses vieux remparts. Dans le désarroi de l'administration militaire, la Municipalité offre, sans compter, son
concours au Gouvernement de la Défense nationale.
C'est Jules Siegfried, adjoint délégué aux finances, qui
trouve, en quelques jours, les ressources nécessaires
pour élever les retranchements, pour pourvoir à l'ha-
billement et à l'armement des gardes nationaux mobi-
lisés et des corps francs. Si le Havre a pu, à cette
époque néfaste, échapper à l'invasion, c'est en grande
partie à lui qu'elle le doit.

Après la guerre, Jules Siegfried, dont la maîtrise
sur les affaires communales ne cessait de s'affirmer,
s'employa, dans tous les domaines, au relèvement et au
développement de la ville, et il put donner toute la
mesure de ses hautes qualités de 1878 à 1885, période
où il exerça, avec une autorité morale et une intelligence qui n'ont jamais été égalées, les fonctions de
Maire. Alors se succèdent les constructions d'écoles,
les percements de rues, l'établissement du Boulevard
Maritime, la création des services d'hygiène, la préparation de l'extension de la ville dans la plaine de
l'Eure.

Les services municipaux de Jules Siegfried lui avaient
rapidement valu, auprès des pouvoirs publics, une
notoriété et une réputation qui le désignaient d'avance

pour le siège législatif du Havre. Ce siège, il l'a occupé, sauf une courte interruption marquée par son passage au Sénat, de 1885 à 1922, soit comme élu du Havre, soit comme élu de la Seine-Inférieure. Il ne dissimulait point, d'ailleurs, que l'activité de son tempérament et son ardeur toujours juvénile se plaisaient mieux dans l'atmosphère du Palais-Bourbon que dans le calme et les lenteurs du Luxembourg...

Le rôle de Jules Siegfried à la Chambre des Députés ne saurait être uniquement apprécié d'après ses multiples interventions à la tribune et son infatigable labeur dans les commissions. Combien de solutions administratives n'a-t-il pas pour ainsi dire enlevées de haute lutte, dans les ministères, grâce à son autorité morale, à son insistance, à la vigueur de son argumentation ?

C'est que ses qualités natives et sa longue pratique des affaires avaient fait de lui un homme de réalisation, allant droit au but, peu enclin aux phraséologies. Ne demandant jamais que des choses raisonnables et équitables, il poussait ses démarches jusqu'au bout, sans se laisser désarmer par de vagues réponses.

Il suivait les affaires avec passion, ne croyant pas son rôle terminé lorsqu'il avait obtenu de la Chambre une solution favorable. Il lui est arrivé fréquemment, dans des questions intéressant le port du Havre, de porter lui-même le dossier au Luxembourg et de s'y mettre immédiatement en quête d'un rapporteur qui bénéficiait souvent de la collaboration du député du Havre.

Si son séjour au Ministère du Commerce ne fut point de très longue durée, il sut, néanmoins, y laisser une forte empreinte, donner à tous les services une impulsion heureuse et durable, et faire adopter d'importants projets de loi sur la marine marchande, les sociétés coopératives et le contrat de participation aux bénéfices.

Il ne séparait point les questions commerciales des questions coloniales. Le développement de nos possessions d'outre-mer, auquel il a si puissamment contribué, était l'une de ses préoccupations constantes. Combien de fois ne l'avons-nous pas entendu, à Paris, au Havre et ailleurs, exhorter nos jeunes gens à mettre leur activité au service de la plus grande France ?

Les nobles qualités de son cœur et les exemples de Mulhouse, sa ville natale, l'avaient toujours attiré vers les questions sociales. N'est-ce point lui qui fit édifier, dans le quartier de Graville, les premières maisons ouvrières et ne fut-il point le créateur du Cercle Franklin dont il ne put, malheureusement, continuer à guider la direction ?

Que dire de son attachement à la mutualité, à laquelle il consacra, avec Audiffred, Cheysson, Vermont, et tant de conférenciers éminents, un véritable apostolat et dont il soutint éloquemment les revendications dans la discussion de la loi de 1898 ?

C'est que Jules Siegfried était un véritable démocrate, recherchant avec passion à améliorer le sort des classes laborieuses par des moyens pratiques éclairés de bonté et d'affectueuse sollicitude. Il avait pleinement conscience du devoir social qui s'impose à ceux auxquels la fortune a souri ou qui ont recueilli les honneurs de la vie publique.

Quoi de plus touchant que l'initiative qu'il prit, malgré le poids des ans et déjà marqué par le doigt de la mort, pour l'apaisement du conflit dont le Havre a si cruellement souffert ?

Ceux qui l'ont alors approché sentaient que sous la faiblesse du corps, l'âme avait conservé toute sa générosité désintéressée, et le caractère toute sa vigueur.

Au cours de la grande guerre, lorsque la Normandie fut menacée, Jules Siegfried avait provoqué, à l'Hôtel-de-Ville du Havre, des réunions périodiques où se rencontraient les représentants de la Cité à tous les degrés. Il mettait ainsi à leur service son expérience de 1870 et toutes les ressources d'un esprit prévoyant ; sa confiance dans le succès final de nos armes réchauffait tous les cœurs. Aussi bien, il était optimiste de tempérament, et ce fut toujours pour lui une très grande force de penser que tôt ou tard les justes causes doivent nécessairement triompher.

La Présidence d'âge de la Chambre des Députés a permis à cette grande figure d'apparaître dans toute sa majesté aux yeux du pays tout entier. La Normandie était justement fière de voir son fils d'adoption symboliser ainsi, en quelque sorte, le retour de l'Alsace à sa mère patrie.

Jules Siegfried s'est éteint subitement dans la belle demeure qu'il avait fait édifier, il y a quelque quarante ans, sur les hauteurs d'Ingouville. De là, il pouvait, dans les courts moments de repos que lui laissait son activité, contempler en partie les fruits de son travail : la cité s'étendant vers le fond de l'estuaire et le port développant sur la mer ses nouvelles emprises.

Le reste de son œuvre est inscrit dans les archives parlementaires, dans celle de l'Hôtel-de-Ville, dans la mémoire de tous les bons citoyens et sur le Livre d'Or de la Patrie !

DISCOURS de

M. LÉON MEYER

Maire du Havre

Mesdames, Messieurs,

La mort si inattendue de M. Jules Siegfried a mis en deuil la ville du Havre tout entière. Ce grand vieillard, dont les ans n'avaient pu courber la haute taille, semblait défier le temps ; mais la perte de celle qui avait été sa compagne aimante et dévouée l'avait profondément affecté. Sa peine le minait sourdement, et le destin, qui avait uni dans la vie ces deux êtres d'élite, a voulu qu'ils ne soient pas longtemps séparés par la mort.

J'ai le devoir de m'associer, au nom de la ville du Havre et en mon nom personnel, à la douleur de sa famille. M. Jules Siegfried a été, en effet, l'un des plus éminents et des plus dévoués serviteurs de la cité.

Venu au Havre de cette province d'Alsace, dont il devait plus tard, comme doyen de la Chambre, saluer le retour au foyer de la France en un si noble langage qu'on eût dit la voix même de la Patrie, M. Siegfried s'intéressa de bonne heure aux affaires publiques. Pendant plus d'un demi-siècle, il travailla pour sa ville d'adoption et il n'eut d'autre ambition que de la bien servir.

Nommé conseiller municipal sur la liste d'Union démocratique, au moment où sombrait le régime qui avait causé les malheurs de la Patrie, M. Siegfried

fut appelé à faire partie de l'Administration aux
côtés du maire, M. Ulysse Guillemard. Chargé des
finances municipales, il fit preuve d'une réelle compé-
tence et sut procurer à notre ville menacée les ressources qui lui étaient nécessaires.

Le 24 mai 1873, il eut l'honneur d'être révoqué par
un gouvernement de réaction ; mais ce fut avec une
ardeur nouvelle qu'il mena le bon combat pour l'idée
républicaine. Elu conseiller général du canton de
Bolbec, en 1877, il entra à nouveau à l'Hôtel-de-Ville
en 1878 et, au décès de M. Ulysse Guillemard, il fut
choisi comme le plus digne de succéder à ce vieux et
ferme républicain.

Comme maire du Havre, on l'a rappelé fort justement, il réalisa tous les projets dont il avait eu
l'initiative comme adjoint et auxquels il avait collaboré.
Jusqu'en 1886, il conserva ses fonctions ; à cette
époque, ses concitoyens, dont il avait toute la
confiance, l'envoyèrent siéger au Parlement où il ne
tarda pas à occuper une place à part, uniquement due
à sa haute valeur intellectuelle et morale, à sa parfaite
connaissance des hommes et des choses.

Pendant toute la durée de ses fonctions municipales,
M. Jules Siegfried déploya une activité sans égale, et
montra les plus remarquables qualités d'administra-
teur. Se préparant au rôle qu'il devait jouer plus tard
au Parlement, où il fut l'un des principaux instiga-
teurs des réformes démocratiques, M. Siegfried eut
pour but d'assurer le développement et la prospérité
de la ville et du port, mais il se montra par dessus
tout le défenseur de la cause du peuple.

Il n'était pas de ces hommes qui, nés au sein des
richesses et du bonheur, demeurent indifférents devant
les misères et les souffrances des humbles ; il était de

cette bourgeoisie qui n'oublie pas qu'elle fut l'alliée du peuple aux grands jours de la Révolution française, et que, sans l'appui de la démocratie, la cause de la liberté n'eût jamais triomphé.

C'est pourquoi, persuadé que l'instruction et l'éducation sont les bases mêmes du progrès social, et l'élément essentiel de la grandeur d'un pays, il s'attacha de toutes ses forces à la diffusion de l'enseignement. Faisant construire ces grandes écoles primaires qui étaient en quelque sorte le symbole de sa foi démocratique, il organisa l'enseignement populaire, laïque et gratuit et traça un programme complet de créations et de réformes qui fut immédiatement appliqué, et c'est alors que furent fondés les cours d'adultes et la Caisse des écoles, en même temps que Franklin était édifié pour devenir le siège d'une université populaire. Mais il pensa ne pas avoir assez fait pour le peuple en donnant à ses enfants les premiers éléments de l'instruction, il voulut également fonder au Havre l'enseignement technique, et il créa notre école pratique d'industrie qui rend de si grands services à la classe ouvrière par la formation professionnelle des apprentis. Il fit édifier enfin notre lycée de jeunes filles, et mit des bourses à la disposition des familles de condition modeste, afin de permettre à leurs enfants de suivre les cours de cet établissement.

M. Siegfried ne borna pas là son activité : profondément attristé par le spectacle qu'offre trop souvent à nos yeux la misère, il mit tout en œuvre pour combattre le taudis, la tuberculose et l'alcoolisme. Dans ce but, il créa le premier bureau d'hygiène qui ait existé en France, se montrant ainsi un avisé novateur, et fit édifier l'Hôpital Pasteur qui, placé dans un cadre merveilleux, permet de donner aux malades, et particulièrement à ceux de la classe pauvre, les soins les plus efficaces. L'institution des dispensaires fut également l'objet de toute sa sollicitude, et rien de ce qui était susceptible de rendre moins pénibles les conditions d'existence de la classe pauvre ne lui demeura indifférent.

Mon rôle n'est point de parler ici de l'Œuvre des Maisons et des Jardins ouvriers à laquelle il se consacra avec tant de dévouement, mais je vois dans celle-ci la constante préoccupation qu'avait M. Siegfried d'améliorer le sort des petits et d'élever peu à peu l'humanité vers des formes supérieures.

Après avoir cité les principales institutions philanthropiques et les fondations scolaires dont nous sommes redevables à M. Jules Siegfried, je n'énumérerai pas les travaux d'embellissement et d'agrandissement de la ville et du port auxquels il a coopéré. Je me bornerai à dire que, sous son impulsion vigoureuse, notre ville connut une activité nouvelle, et que, par ses qualités d'initiative, d'organisation et de méthode, il a été l'un des grands administrateurs de la cité.

Je ne doute pas que la population havraise ne soit profondément reconnaissante à cet homme de bien, qui mit toutes ses forces, toute son intelligence et tout son dévouement au service de la chose publique et de ses concitoyens, de ce qu'il a fait pour elle. Quand à moi, je n'oublierai pas avec quelle générosité et quel désintéressement M. Siegfried vint, lors de notre entrée à l'Hôtel-de-Ville, mettre à la disposition de l'Administration et du Conseil municipal, l'influence dont il jouissait auprès du Parlement et du Gouvernement, pour hâter la solution des questions administratives.

« Nous ne partageons pas toujours les mêmes idées, me dit-il, mais, quand il s'agit du développement com-

mercial et maritime du Havre, quand il s'agit de **sa**
prospérité et de son avenir, nous ne saurions nous
séparer. »

M. Jules Siegfried ne pouvait mieux marquer le
souci constant qu'il avait de l'intérêt public et son
attachement profond pour cette ville du Havre qu'il **a**
tant aimée.

Aussi, est-ce pour moi un devoir de reconnaissance
de rendre hommage sur cette tombe à la noblesse de
ses sentiments et à la haute conception qu'il avait de
ses devoirs de représentant de la population havraise.

Je dois dire également que ses interventions dans
les bureaux des ministères et des administrations
publiques eurent, pour l'avancement des affaires communales soumises à l'examen de l'administration supérieure, les plus heureuses conséquences. Je n'ai pas
besoin d'ajouter que, pendant toute sa carrière parlementaire, il fut à la Chambre le vigilant défenseur des
intérêts havrais et qu'il consacra une grande part de
son activité à la solution des problèmes intéressant
notre port.

J'ai dit tout à l'heure que M. Siegfried avait eu surtout à cœur de défendre la cause du peuple ; je puis
ajouter qu'avant de mourir, c'est encore elle qu'il a
servie.

Les derniers jours de cet homme de bien ont été le
suprême sacrifice d'un noble esprit à un idéal supérieur
de justice sociale et de fraternité humaine.

Le dernier geste de M. Jules Siegfried fut pour défendre encore, et malgré tout, les libertés ouvrières et
les principes démocratiques. Ceux qui ont méconnu la
grandeur de cet acte et les sentiments élevés qui l'inspiraient, ceux qui ont durement repoussé l'intervention
toute de bonté et de conciliation du vénéré vieillard,

auront sans doute le regret d'avoir attristé les derniers
jours du député du Havre. Mais la population havraise
n'oubliera pas que M. Jules Siegfried est mort sur la
brêche, en combattant jusqu'au dernier moment pour la
prospérité de la cité.

J'ajoute que l'homme de cœur et le grand démocrate
qu'il était, serait à la rentrée des Chambres, monté à la
tribune pour rappeler le grand devoir de concorde et de
solidarité qui s'impose à tous. Il eût dit qu'une ville
et qu'un pays ne peuvent vivre et prospérer que par
l'union des efforts et des cœurs ; il eût rappelé
que la haine n'engendre que la misère et la ruine ;
il nous eût enfin adjurés de nous aider les uns les
autres, en consentant de mutuels sacrifices pour
travailler en plein accord au relèvement de la Patrie.

Ses lèvres immobiles ne nous adresseront pas cette
prière et nous n'entendrons plus sa voix ; mais, du
moins, nous aurons sa dernière pensée pour conseil et
pour guide, et nous puiserons dans cette suprême leçon
qu'il voulait nous donner les enseignements nécessaires.

Mesdames, Messieurs,

L'homme que nous venons de perdre fut une haute
conscience au service d'un grand cœur, et c'est parce
que tous ses actes furent constamment inspirés par la
loyauté, la sincérité des convictions et le dévouement à
ses semblables que nous voyons groupés autour de ce
cercueil, non seulement ses amis et ses compagnons de
lutte, mais ses adversaires qui, eux aussi, l'estimaient
et l'honoraient. On pouvait parfois combattre ses
idées ; on s'inclinait avec respect devant l'homme.

Je souhaite que les siens trouvent dans cette mani-
festation unanime de deuil une atténuation à leur grande

douleur, et je les prie d'agréer, au nom de l'Administration et du Conseil municipal, l'expression de mes
condoléances les plus vives et les plus sincères.

Et maintenant, en prononçant les paroles de l'adieu
suprême, j'adresse à la mémoire de M. Jules Siegfried,
au nom de tous ses concitoyens, un hommage profondément ému. L'homme de labeur qu'il a été pendant toute
sa vie va reposer à jamais parmi nous ; je lui donne ici
la solennelle assurance que tous ceux qui l'ont connu se
rappelleront son dévouement à la démocratie, sa fidélité à la République et son patriotisme ardent. Chacun
de nous gardera au fond de son cœur une inaltérable
gratitude pour les éminents services qu'il a rendus au
Havre et à la France, et chacun de nous dira également
qu'une existence aussi belle, toute entière consacrée au
bien, a été celle d'un grand citoyen.

Quant à nous, nous nous inspirerons de l'exemple de
celui qui tint d'une main si sûre le gouvernail de la
Cité, et nous inscrirons son nom à côté des noms de
ceux qui ont bien mérité de la ville du Havre.

DISCOURS de

M. Hermann du Pasquier

Président
de la Chambre de Commerce du Havre

Mesdames, Messieurs,

La communauté commerciale du Havre, représentée
par sa Chambre de Commerce, ne saurait laisser disparaître un homme tel que M. Jules Siegfried sans lui
adresser un dernier et solennel hommage.

Aussi bien notre compagnie peut-elle être fière
d'avoir été la première à bénéficier de son activité
et de son intelligence : il y débuta, en effet, dans la vie
publique dès 1869, à l'âge de 32 ans.

Nul mieux que M. Jules Siegfried ne pouvait se dire
le fils de ses œuvres. C'est un emploi très modeste dans
la maison de son père, à Mulhouse, qu'il occupa tout
d'abord ; il réussit cependant en sept ans à économiser,
sur ses modiques appointements, une dizaine de mille
francs, coût d'un voyage aux États-Unis.

Il y arriva en 1862, au début de la guerre de Sécession ; il comprit de suite qu'elle durerait plusieurs
années et qu'il importait de trouver au plus tôt, pour
la filature française, un coton pouvant remplacer celui
des États-Unis. Dès son retour en France, il partit
pour Bombay et, avec l'aide de riches commanditaires
alsaciens, il y fonda une maison, origine première de
sa fortune. En 1866, la guerre finie, il ouvrait, avec son
frère, une autre maison à la Nouvelle-Orléans, assu-
rant ainsi à la maison mère du Havre un ravitaillement

sûr et profitable dans les deux pays de production cotonnière.

Sa carrière commerciale fut courte : déjà en 1880 il se retirait de la maison Siegfried frères, mais si son action, en quelque sorte professionnelle, fut alors interrompue, on peut dire que jamais il ne se désintéressa des questions commerciales. Bien au contraire, il resta un homme d'affaires dans la plus large acception du mot et c'est avec ce sens pratique et cette décision que donne l'habitude des opérations commerciales qu'il s'efforça, dans tous les domaines, de servir son pays.

Il resta membre de la Chambre de Commerce jusqu'en 1894 ; ses rapports et ses exposés, toujours empreints de précision et de clarté, étaient consultés avec un vif intérêt ; nos archives et nos registres des délibérations conservent à cet égard le témoignage de sa science économique et de son activité constante mises au service de la conservation et de la défense des grands intérêts de la place du Havre et de son grand port.

Il faisait partie des commissions des chemins de fer, de la marine marchande, des douanes, des questions coloniales, de l'agrandissement du port du Havre, etc.

Nombreux furent les rapports qu'il rédigea au nom de ces commissions et grande fut la part qu'il prit dans les discussions au sein de la Chambre de Commerce.

Ayant déjà créé avec son frère, M. Jacques Siegfried, une Ecole commerciale à Mulhouse, il fut, en 1871, un des promoteurs de notre Ecole de commerce et il fit partie de son premier conseil d'administration.

Les questions coloniales le préoccupaient vivement et il fut président de la Ligue coloniale.

De son action au Parlement je ne veux retenir que ses interventions dans les questions commerciales ou maritimes, mais elles furent nombreuses et efficaces. Je

citerai, par exemple, son projet de loi, présenté en
1885, portant réorganisation de la représentation commerciale et industrielle, les modifications proposées
dans le Code de commerce concernant la responsabilité des armateurs, les réclamations en cas d'abordage,
la part qu'il prit dans les discussions de la loi sur la
marine marchande, les services maritimes, les traités
de commerce, son projet de loi sur l'autonomie des
ports.

Quant à l'appui que la Chambre de Commerce ne
cessa de trouver auprès de lui, qu'il fut député, sénateur ou ministre du commerce, elle ne saurait lui en
être assez reconnaissante : qu'une démarche devint
nécessaire auprès des pouvoirs publics, qu'une mise au
point s'imposât pour telle ou telle question, nous étions
toujours sûrs de rencontrer auprès de lui le concours le
plus efficace ou le conseil le plus judicieux. Il voulait
être tenu au courant, non pour sa propre satisfaction,
mais parce qu'il entendait être et rester un collaborateur toujours averti et utile. Le plus souvent, quand
l'entretien prenait fin, il en dégageait rapidement la
conclusion par ces mots : « Il faut faire ceci, il faut
faire cela », et dans cet « il faut » il n'y avait aucun
autoritarisme à l'égard de son interlocuteur. C'était
plutôt un conseil, mais dans cet « il faut » se manifestait aussi l'idée maîtresse de toute sa vie, l'idée de
devoir. L'homme n'est pas son maître, il ne peut agir
au gré de ses seuls désirs. Il y a des choses qu'il doit
faire, qu'il s'agisse de la vie du pays, du développement
d'un établissement maritime, d'une place commerciale
ou d'une maison de commerce, cet « il faut » vient s'imposer à lui ; du moment où il détient une parcelle de
pouvoir, il doit l'employer pour le bien de ceux dont
il a la charge.

M. Jules Siegfried n'a pas été seulement un des plus
grands négociants de notre place, il en a été, pendant sa
longue carrière, le fidèle serviteur, et c'est à ce titre que
montent vers lui, dans ce jour de deuil, non seulement
nos pensées attristées, mais notre gratitude et notre
admiration.

Que sa famille veuille trouver ici l'expression de
notre sympathie la plus profonde et la plus douloureuse.

DISCOURS de

M. F. SANSBŒUF

Vice-Président de l'Union des Présidents des Sociétés
Alsaciennes-Lorraines de France

Mesdames, Messieurs,

C'est un triste privilège qui m'échoit aujourd'hui,
celui de venir au bord de cette tombe adresser un dernier salut à celui qui fut, jusqu'aux derniers jours de
sa vie, le président aimé et respecté de l'*Union des
Présidents des Sociétés Alsaciennes-Lorraines de France.*

Il ne m'appartient pas de retracer ici les phases
diverses de cette longue et noble existence qui vient de
disparaître, toute de droiture, d'unité et de simplicité.
D'autres plus autorisés que moi ont rempli cette tâche.
Ils ont parlé du citoyen, de l'homme politique, du père
de famille, des œuvres qu'il a fondées ou auxquelles
il s'est intéressé, en un mot de sa vie publique et
privée.

Ce que je veux, moi, alsacien comme Jules Siegfried, comme vice-président de l'*Union des Présidents
des Sociétés Alsaciennes-Lorraines* et au nom de mes collègues du bureau du conseil général d'administration
de cette association, c'est apporter sur la tombe de
notre président l'hommage de nos regrets et de notre
inaltérable reconnaissance pour tout le bien qu'il a fait
à nos compatriotes et à l'œuvre de revendication dont
il a été un des meilleurs et des plus fidèles artisans.

Enfant de Mulhouse, Jules Siegfried appartenait à cette race alsacienne, forte, active, à la fois

hardie et sensée, qui unit, dans un heureux et rare équilibre, l'audace aventureuse des conceptions et la prudence calculée des réalisations. Après de longs voyages à l'étranger avec son frère, il vint se fixer au Havre avant la guerre de 1870. Jusque là, il avait peu fait parler de lui, mais, dès le lendemain de la défaite, en dehors de ses affaires commerciales et industrielles, il s'intéressa à l'Association Générale d'Alsace-Lorraine dont il fut un des membres les plus dévoués, à la Fédération des Sociétés Alsaciennes-Lorraines dont il était membre honoraire et à un grand nombre de sociétés d'un caractère essentiellement patriotique et philanthropique.

C'est dans ces milieux, principalement, qu'il put exercer les grandes qualités de son cœur et affirmer l'ardeur de ses convictions patriotiques. Je l'y ai rencontré souvent ; nous parlions de la patrie absente, de nos espoirs communs dans un avenir de justice et de réparation, et de la nécessité qui s'imposait aux Alsaciens et aux Lorrains, victimes de l'odieux traité de Francfort, de rester indissolublement unis sur le terrain de la protestation et de nos immuables revendications !

Pendant la grande guerre, Jules Siegfried, toujours en quête de se rendre utile à son pays, confiant dans le succès de nos armes qui devait faire rentrer dans le giron de la famille française nos deux malheureuses provinces courbées sous le joug étranger, prit l'initiative de constituer un « Comité d'études économiques et administratives relatives à l'Alsace-Lorraine », dont il fut nommé le président.

Ce Comité, composé des principales notabilités de la colonie alsacienne-lorraine, avait pour principal objet de réunir et de condenser dans des rapports succincts, basés sur l'expérience et des données pratiques, toutes les matières d'ordre politique, commercial, industriel, juridique, etc..., de nature à fournir des indications aussi précises que possible aux plénipotentiaires français chargés de la préparation du traité de paix.

Vers la fin de 1917, une nouvelle occasion s'offrit à notre toujours si vaillant compatriote de rendre service à la cause alsacienne-lorraine. Avec plusieurs de ses amis, originaires des pays annexés, il constitua sous le nom d'Union des Présidents des Sociétés Alsaciennes-Lorraines de France, une association qui avait pour but de coordonner les efforts des sociétés existantes, de donner plus d'unité à leur action, d'intervenir auprès des pouvoirs publics pour la défense des intérêts généraux des Alsaciens-Lorrains.

C'est à cette œuvre que notre regretté président sacrifia les dernières années de sa vie. Malgré son grand âge, il s'acquitta à merveille de sa tâche.

Si Jules Siegfried a eu la grande joie de voir le retour à la France de l'Alsace et de la Lorraine, qui fut la plus chère récompense de ceux qui, comme lui, ne désespérèrent pas de la reconstitution de la Patrie, il eut, par contre, cette année, la grande douleur de voir disparaître sa compagne fidèle et dévouée. Cet événement devait nécessairement exercer une influence néfaste sur sa constitution pourtant encore si robuste. Aussi, lorsque je le vis pour la dernière fois, au mois de juillet dernier, ai-je été frappé du changement qui s'était opéré dans sa physionomie ; mais cependant rien ne faisait croire à un dénouement aussi soudain.

Aujourd'hui que Jules Siegfried n'est plus, son exemple nous reste. Puisse-t-il nous inspirer et nous guider dans la continuation de l'œuvre à laquelle nous travaillâmes de concert dans l'intérêt de la France et de nos concitoyens.

Au nom de l'Union des Présidents des Sociétés Alsaciennes-Lorraines, je m'incline devant sa tombe et j'y dépose le tribut de regrets et de reconnaissance que nous devons à la mémoire de ce bon et loyal serviteur de la Patrie !

A ses fils, à sa famille, j'adresse mes respectueux hommages et mes condoléances les plus émues.

DISCOURS de

M. GEORGES-RISLER

Membre du Comité de Direction du Musée Social

◆

Mesdames, Messieurs,

L'Alsace et toutes les œuvres sociales sont aujourd'hui en deuil, car M. Jules Siegfried appartenait à l'une et aux autres par toutes les fibres de son cœur.

Tout jeune négociant au Havre, venu de notre chère province brutalement arrachée à la mère-patrie, mais où, heureusement, il avait reçu cet enseignement solide et en même temps si pénétré d'idées pratiques qu'on y trouve, il s'attacha à faire, dans son existence exceptionnellement active, une large part au devoir social.

Après la chute de l'Empire, qu'il n'eut jamais voulu servir, il entra dans la vie publique comme adjoint au maire du Havre.

Déjà il avait pris part, avant 1870, à la fondation et aux efforts de la Ligue de l'enseignement, qui voulait arracher à l'ignorance et à l'obscurantisme un nombre chaque jour plus grand de nos concitoyens ; la République établie, il devait accepter sa part de responsabilité dans l'administration de la ville qu'il avait adoptée.

D'abord comme adjoint, plus tard comme maire, il plaça au premier rang de ses préoccupations les questions d'hygiène.

On sait quel était, à ce point de vue, l'état de la ville du Havre à cette époque déjà lointaine, et quelle tâche pénible s'imposa à lui et au grand hygiéniste que fut le docteur Gibert. Tous deux déployèrent la plus grande et la plus admirable activité, et nombreuses sont les vies humaines qui, de ce jour, furent épargnées.

Les ravages de l'alcoolisme l'avaient depuis longtemps ému. Avec quelle courageuse énergie, jamais démentie depuis, il se lança dans la lutte ! Beaucoup, autour de lui, prétendaient, comme toujours, qu'il n'y avait rien à faire ; c'est ce qu'il n'admit dans aucun cas. Il ne pouvait pas rester spectateur d'un mal sans essayer de le combattre.

Mais, dès qu'il eût pénétré plus avant dans la recherche des remèdes à appliquer aux fléaux sociaux, il ne tarda pas à reconnaître que tous avaient leur source dans les conditions pitoyables du logement des travailleurs et, en 1889, il poussa le cri d'alarme.

Il était naturel que l'initiative de cette réforme capitale fut prise par le grand alsacien, qui n'avait rien oublié de ce qu'il avait vu dans sa petite patrie, au milieu de ces populations si élevées moralement. Il avait gardé le souvenir de ces grands patrons alsaciens, les Dollfus, les Kœchlin, les Zuber, les Risler, les Mieg, de tout temps si soucieux de leur devoir social.

Cheysson, Georges-Picot, Jules Simon, Charles Robert, Eugène Rostand, Louis Rivière, pour ne citer que les disparus, répondirent à son appel, se groupèrent immédiatement autour de lui et entreprirent la lutte.

On se mit au travail avec la plus grande ardeur, et, en 1894, après une discussion dont il soutint presque seul tout le poids, M. Jules Siegfried eut la satisfaction de voir promulguer la première loi sur les habitations à bon marché. On n'avait pas tardé, en effet, à

s'apercevoir que le mal était vraiment trop considé-
rable pour que l'initiative privée pût suffire à le combattre et à reconnaître que l'intervention de l'État était
véritablement indispensable.

Depuis ce jour, jusqu'au moment de sa mort, il fut
en France le véritable chef de la lutte contre le taudis,
et jamais ni sa vigueur, ni sa foi ne faiblirent.

Présidant infatigablement les longues séances du
Comité permanent du Conseil supérieur des habitations à bon marché, de la Commission d'attribution
des prêts aux sociétés, aux fondations et aux offices
publics, membre du Conseil de la Société centrale de
crédit immobilier et de l'Union des sociétés de crédit
immobilier de France et d'Algérie, toujours il fut prêt
à répondre aux appels qui lui étaient adressés. Les
heures consacrées à un examen scrupuleux des nombreuses affaires permettant de mettre au point la juris-
prudence à établir sur ces matières toutes nouvelles lui
paraissaient courtes ; il se refusait toujours à remettre
au lendemain (comme cela se fait si facilement en
administration) les affaires susceptibles d'être solution-
nées le jour même.

Il avait conquis ainsi l'affection la plus profonde de
la population ouvrière du Havre qu'il représentait au
Parlement, ce qui faisait dire à M. Raymond Poincaré,
lors de la cérémonie où lui fut remise, le 30 juin 1919,
une médaille frappée à son effigie :

« C'est qu'aussi bien vous êtes, mon cher ami, dans
la plus noble acception du mot, un grand démocrate.
Vous n'avez jamais cherché à séduire le peuple par le
mirage des promesses ; vous avez gagné son amitié
parce que vous l'avez aimé vous-même, que vous l'avez
loyalement servi et que vous vous êtes toujours efforcé
de lui apporté des réalités. »

Mais, quelque place qu'ait tenue dans sa vie la lutte contre le taudis, source empoisonnée de toutes les haines sociales, elle n'absorbait cependant qu'une part de son immense activité.

M. Jules Siegfried fut de ceux qui, dès que, sous le souffle embrasé de l'âme ardente de Cheysson, Casimir Périer, s'élevant de la vie politique à l'existence sociale, fonda l'Alliance d'hygiène sociale, lui apportèrent leur concours le plus actif et le plus généreux.

Mais j'ai hâte d'arriver à l'une des plus belles créations dont il aurait pu s'enorgueillir si un tel sentiment avait jamais été susceptible de pénétrer dans son âme : la création du Musée social.

C'est au cours des années 1891, 92 et 93 que ses conversations avec le comte de Chambrun devinrent de plus en plus fréquentes et que, témoin de l'évolution qui s'accentuait dans cette âme si élevée et si bienfaifaisante, il aida son ami à cristalliser des sentiments jusque là un peu confus et à leur faire prendre corps dans la création d'une œuvre absolument originale et nouvelle.

Le comte de Chambrun, dont les yeux étaient pour toujours clos à la lumière du monde, avait tourné vers son âme ces regards qui ne devaient plus lui apporter aucune joie. Il était désormais décidé à consacrer sa vie au soulagement de souffrances dont il mesurait la profonde amertume et à l'allègement des misères du prochain.

D'un commun accord, le but assigné à la nouvelle création : le Musée Social, fut d'offrir gratuitement au public, avec informations et consultations, tous les détails concernant les institutions et organisations sociales qui ont pour objet et pour résultat l'amélioration matérielle et morale des travailleurs. Bibliothèque, salles de travail, salles de réunions, tout était gratuit, et les investigations de toutes sortes, les projets, les rêves d'avenir même, étaient non seulement permis mais encouragés, pourvu qu'aucune discussion politique ou religieuse ne s'y mêlât.

Nous ne décrirons pas ici l'action essentiellement bienfaisante que, pendant 28 ans, sous la présidence de M. Jules Siegfried, a pu exercer le Musée Social ; elle est connue de tous. Personne n'ignore l'appui chaleureux qu'y reçoivent toutes les initiatives élevées et utiles, les encouragements prodigués sans compter aux œuvres ayant un but véritablement social. L'estime et le respect dont jouit cette institution permettent d'y réunir, sur un terrain neutre, les plus hautes personnalités des partis les plus opposés qui consentent à s'y rencontrer, à discuter et à rechercher ensemble des solutions patriotiques justes et bienfaisantes.

L'une des initiatives les plus heureuses prises par le Comité de direction fut la création d'une section féminine ; M. Siegfried y eut sa large part. Grâce à cette section, dont Mme Jules Siegfried ne voulut jamais accepter la présidence mais dont elle était l'âme, toutes les réformes justes s'imposant en faveur de la femme furent recherchées, discutées et poursuivies jusqu'au succès. Ainsi fut évitée en France l'agitation qu'ont connue d'autres pays avec le développement des organisations de suffragettes.

Quelqu'active que fut la vie de M. Jules Siegfried, notre cher et vénéré ami semblait toujours croire qu'il n'avait pas fait assez. Avare de son temps, il ne souffrait pas qu'il fut dépensé en paroles ou en discussions oiseuses ; toujours il recherCha les résultats pratiques, s'efforçant partout d'orienter les discussions dans un un sens réalisateur.

Sa puissance de travail était extrême, et, pendant longtemps encore, il sera impossible de mesurer à sa valeur réelle la somme de réalisations vraiment incroyable qu'il laisse derrière lui.

C'est que le travail n'était pas seulement pour lui un devoir, il y trouvait une joie profonde, et il n'eut pas conçu un seul instant la vie s'il avait dû rester inactif. La Providence lui a accordé la mort qu'il désirait, puisqu'elle lui a permis, jusqu'à la dernière minute, de se rendre utile et de faire du bien.

Dans l'œuvre de cet ordre de tout homme de valeur exceptionnelle, on trouve l'influence féminine ; celle qui s'exerça sur M. Jules Siegfried fut heureuse entre toutes.

C'est à son foyer même, auprès de la noble compagne dont les hautes qualités morales et intellectuelles, jointes à tous les plus beaux dons, l'avaient séduit, qu'il puisa les inspirations les plus élevées. On peut dire que, vraiment, M. et Mme Jules Siegfried ne faisaient qu'un.

Pendant plus de 5o ans, Mme Jules Siegfried fut la plus admirable des compagnes et la collaboratrice charmante et constante de son mari dans toute son action sociale. Leur union morale et intellectuelle, dans l'intimité la plus absolue, se scella par le besoin commun et impérieux de consacrer, sans compter, leurs efforts au progrès social et à tout ce qui pouvait contribuer au bien public. Ils offrirent ainsi la réalisation parfaite et idéale du ménage chrétien comprenant et accomplissant, dans toute son étendue, son devoir social.

On n'emporte de ce monde que ce qu'on a donné : M. et Mme Jules Siegfried nous quittent chargés d'une riche moisson. Pendant une longue vie, ils ont semé sans cesse à pleines mains, non seulement la bonne parole, mais le grain précieux de la générosité, de la solidarité, de l'effort constant vers le mieux-être moral et social.

La haine est stérile : l'amour seul est générateur : c'est par l'amour du prochain qu'ils ont obtenu les admirables résultats que vous connaissez tous.

Un sage de la Grèce a dit : « Il n'a pas perdu sa journée celui qui a séché une larme ».

M. et Mme Jules Siegfried ont séché beaucoup de larmes, de ces larmes amères que les horreurs du taudis font couler par torrents ; ils partent en nous laissant mieux que des paroles, mieux que des conseils : des exemples.

Dès l'aube de leur apostolat, ils avaient compris que la seule base réelle du progrès social est dans l'obéissance sincère au précepte sublime du divin maître : « Aimez-vous les uns les autres ».

Ils ne l'ont pas seulement répété, ils ont agi.

L'esprit est immortel ; efforçons-nous d'unir nos âmes aux leurs ; imitons-les et consacrons comme eux, jusqu'à notre dernière heure, notre intelligence et surtout nos cœurs au service du prochain.

Ainsi nous resterons en communion avec eux dès maintenant et pour toujours.

———

DISCOURS de

M. ÉMILE DOLLFUS

Vice-Président de la Société Industrielle de Mulhouse

C'EST le cœur serré que je viens apporter à la mémoire de Jules Siegfried au nom de la Société Industrielle de Mulhouse, dont M. Siegfried était un des membres les plus anciens et dont il fut le bienfaiteur, l'hommage de notre respect, de notre affection et de notre reconnaissance. Je viens exprimer aussi à ses fils et à sa famille la part que mes collègues et moi-même, qui sommes aujourd'hui en deuil avec eux, prenons à leur douleur.

Pour ceux qui ont eu le privilège d'approcher Jules Siegfried, pour ceux qui gardent le souvenir de son accueil si chaud et bienveillant quand on venait chercher auprès de lui un conseil, un appui ou un encouragement, la perte est cruelle et le vide irréparable.

Aussi est-ce du fond du cœur que je me fais l'interprète de la sympathie que je suis chargé d'exprimer ici.

M. Jules Siegfried, malgré les liens qui l'attachaient à sa ville d'adoption : le Havre, avait conservé pour Mulhouse une affection spéciale. Il aimait à y revenir ; nous le recevions avec joie et avec orgueil. Il s'intéressait à nos institutions et en particulier à la Société Industrielle, dont le but était si conforme à ses idées. Il ne se bornait pas à en suivre les travaux, il suggérait des programmes nouveaux, et en proposant des œuvres

— 52 —

à créer, il nous aidait par ses dons à les réaliser.

Aussi son nom figure-t-il souvent dans nos annales, et au début de cette semaine encore, à l'occasion d'une réunion de son conseil d'administration, on m'annonçait un don nouveau qu'il faisait à notre Société.

Je ne chercherai pas à énumérer ce qu'il a fait pour nous : je risquerais d'oublier certains de ses dons. D'ailleurs, Jules Siegfried faisait le bien parce que c'était sa nature de le faire, parce qu'il y voyait la seule raison de vivre ; il n'aimait pas qu'on parlât de ce qu'il faisait. Je voudrais cependant rappeler une des créations qui demeurera un de ses titres spéciaux à notre reconnaissance : c'est notre Ecole supérieure de Commerce. Tout jeune encore — c'était en 1867 — il a mis avec son frère Jacques à notre disposition la somme nécessaire pour fonder ume Ecole supérieure de Commerce. La guerre de 1870 est survenue et l'annexion, qui en a été la conséquence, a entraîné la fermeture de cette école, qui fut transplantée à Lyon. Mais, peu après l'armistice, Jules Siegfried a tenu à la faire renaître, et un nouveau don fait par lui et les héritiers de son frère nous a permis de rouvrir l'Ecole de Commerce, dont la première promotion, la promotion Siegfried, vient de terminer ses études. Ayant lutté et connaissant les difficultés de la lutte, il a voulu donner ainsi aux jeunes les armes leur permettant de réussir et de devenir des hommes utiles à la Patrie.

Jules Siegfried a été notre appui dans les bons et les mauvais jours : il a été notre ami de toujours, il continue à l'être par son esprit et par ce qu'il nous a donné. S'il se repose aujourd'hui de son grand, de son incessant labeur, il sent et il sait que son œuvre demeure et que son travail n'a pas été vain.

Il nous laisse sous le coup de la douleur et attristés ;
nous sommes cependant bien décidés à continuer dans
la voie qu'il a tracée avec nous. C'est le plus bel
hommage que nous puissions rendre à sa mémoire.

Aussi n'est-ce pas une parole d'adieu que je veux
prononcer sur cette tombe — on ne dit pas adieu à
un homme comme Jules Siegfried qui reste vivant dans
nos cœurs — c'est une parole de reconnaissance et
de foi dans l'avenir.

9 782329 558332